D1244912

Garnotte 2005

Michel Garneau, dit Garnotte, est né à Montréal en 1951. Après des études en géographie, il a collaboré comme illustrateur, caricaturiste ou bédéiste à plusieurs journaux et revues, notamment *CROC*, *TV Hebdo*, *Protégez-vous*, *Titanic* (dont il était aussi rédacteur en chef), *Les Débrouillards*, *La Terre de chez nous*, *Nouvelles CSN* et *Relations*. Depuis avril 1996, il est caricaturiste au quotidien *Le Devoir*.

Du même auteur

N'ajustez pas vos appareils, Ludcom, 1981

C'est pas parce qu'on travaille que c'est drôle!, Nouvelles CSN, 1988

Pauvres riches et autres contradictions, Kamicase, 1990

Stéphane l'apprenti inventeur, Les éditions Héritage, 1993

Sophie et ses plus chouettes recettes d'entourloupettes (avec Henriette Major), Les éditions Héritage, 1995

Les plus meilleures caricatures de Garnotte en 2003, Les éditions du Concassé, 2003

Des caricatures propres… à 2004, Les éditions du Concassé, 2004

GARNOTTE

2005

LES INTOUCHABLES

Les Éditions des Intouchables bénéficient du soutien financier de
la SODEC, du Programme de crédits d'impôt du gouvernement du
Québec et sont inscrites au Programme de subvention globale du
Conseil des Arts du Canada.

Nous reconnaissons l'aide financière du gouvernement du Canada par
l'entremise du Programme d'aide au développement de l'industrie de
l'édition (PADIÉ) pour nos activités d'édition.

LES ÉDITIONS DES INTOUCHABLES
2316, avenue du Mont-Royal Est
Montréal (Québec) H2H 1K8
Téléphone : (514) 526-0770
Télécopieur : (514) 529-7780
www.lesintouchables.com

DISTRIBUTION : PROLOGUE
1650, boulevard Lionel-Bertrand
Boisbriand (Québec) J7H 1N7
Téléphone : (450) 434-0306
Télécopieur : (450) 434-2627

Production graphique : Mathilde Hébert
Correction d'épreuves : Patricia Belzil
Impression : Transcontinental

Dessins inédits : pages 5, 23, 24, 33, 35, 39, 51, 61,
66, 83, 85, 87, 94, 113, 115, 122, 126, 127, couverture verso.
Dessins parus précédemment dans *L'annuaire du Québec 2005*,
aux éditions Fides : pages 83, 93, 134.

Dépôt légal : 2005
Bibliothèque nationale du Québec
Bibliothèque nationale du Canada

ISBN 2-89549-199-2

MACAIRE
LAFLEUR

L'auteur tient à préciser que toute ressemblance avec
quelqu'un, quelque chose ou une action quelconque
serait l'effet du hasard et que, de toute façon,
il ne se souvient de rien. Il le jure !

Élections américaines : dominé par Bush dans les sondages depuis plusieurs semaines, M. Kerry a paru soulagé d'avoir réussi le test du premier débat, dont il est sorti « vainqueur », selon la presse et les experts quasi unanimes.

Le Parlement reprend le collier et, pour le gouvernement, cela signifie le début d'un long numéro d'équilibriste.

6 octobre : alerte rouge dans l'Atlantique Nord. Un sous-marin canadien à propulsion classique a lancé un appel de détresse, un incendie s'étant déclaré pendant qu'il était en plongée.
Le Chicoutimi fait partie d'une série de quatre submersibles construits dans les années 80 pour la Royal Navy et revendus à la marine canadienne à partir de juin 2000.

À moins d'une heure d'un vote de confiance qui aurait pu se révéler fatidique pour son gouvernement, le premier ministre Paul Martin a réussi à la dernière minute à s'entendre avec les chefs des partis d'opposition autour de la modification au discours du Trône proposée par le Bloc québécois.

Dans un texte intitulé *Le Courage de changer*, François Legault appelle à la modernisation du Parti québécois, un exercice qui doit être précédé par un « sérieux examen de conscience ».

Le ministre des Finances, Yves Séguin, estime qu'Ottawa a fait du « Québec *bashing* » pour convaincre les autres provinces d'accepter l'arrangement sur la péréquation, n'hésitant pas à « saigner » le Québec pour satisfaire le Canada anglais.

Four more years avec George W. Bush.

Après trois jours d'échanges, le Forum des générations s'est soldé par la création de plusieurs équipes de réflexion et par l'annonce que le gouvernement respectera deux promesses électorales à compter de 2006 : en effet, il ajoutera une heure et demie d'enseignement par semaine au primaire et portera à deux heures par semaine le temps consacré à l'éducation physique.

Les milieux environnementaux ont accueilli avec une volée de bois vert l'intention de Jean Charest de lancer le Québec à fond dans l'exportation d'électricité comme pilier de son imminente « Politique de développement durable ».

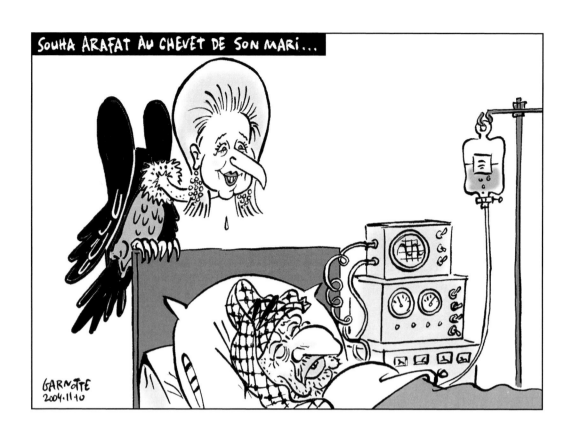

Une nouvelle venue à la Maison-Blanche : Condoleezza Rice, universitaire, spécialiste de l'ex-URSS, amie personnelle du président, conservatrice à l'allure froide. Son image tranche avec celle de son prédécesseur, l'ex-général Colin Powell, le vieux soldat au contact facile et adepte d'une diplomatie ménageant les alliances et la négociation.

Les Premières Nations sont exaspérées par la crise politique qui perdure depuis près d'un an à Kanesatake.
Si tout va comme prévu, les élections auront lieu le 19 février à Kanesatake. Le ministre de la Sécurité publique,
Jacques Chagnon, a indiqué que des effectifs policiers seront déployés pour assurer la bonne marche du scrutin.

Malgré l'arrivée de l'ex-premier ministre Lucien Bouchard comme négociateur pour la partie patronale, apportant un peu d'air frais aux discussions, le Syndicat des employés de la SAQ déclenche la grève générale. L'annonce est survenue alors que M. Bouchard se remettait d'une péritonite à l'hôpital.

32

Visite de M. Bush, en plein embargo des États-Unis contre
le bœuf canadien. Au cours du gala donné en son honneur,
George W. Bush a blagué en disant qu'il était « très heureux »
de voir au menu du bœuf de l'Alberta.

Lors de sa visite, le président Bush a placé Paul Martin dans l'embarras pour une deuxième journée consécutive en évoquant son souhait de voir le Canada rejoindre les États-Unis dans le controversé projet de bouclier antimissile.

Le gouvernement Charest vient de nommer William J. Cosgrove à la présidence du Bureau d'audiences publiques sur l'environnement (BAPE). Cette nomination provoque une levée de boucliers parmi les groupes écologistes parce que M. Cosgrove était président du Conseil mondial de l'eau, qui préconise une politique de partenariats public-privé pour les services d'eau à travers le monde !

Le plan vert promis par les libéraux s'est transformé en un avant-projet de loi sur le développement durable, qui oblige le gouvernement à adopter une stratégie en ce sens et tous les ministères, organismes gouvernementaux et sociétés d'État à rendre des comptes à un commissaire au développement durable.

La ministre de l'agriculture Françoise Gauthier en a plein les bras à gérer la crise de la vache folle qui secoue le monde agricole. Les producteurs bovins font pression pour qu'elle intervienne afin d'obtenir un prix plancher pour leurs vaches de réforme.

Depuis sa création en 1997, le régime public d'assurance médicaments a vu ses coûts grimper de 125 %.
Le vérificateur estime que, faute d'une politique du médicament qui devait fixer des objectifs précis pour le régime,
le ministère de la Santé et des Services sociaux « peut difficilement juger de la performance du régime général ».

RAPPORT COULOMBE: LA FORÊT EST SUREXPLOITÉE!

L'annonce de la fermeture de six usines de Huntingdon crée une véritable onde de choc dans la population. Le maire de la ville Stéphane Gendron, qui s'était fait connaître par sa politique de couvre-feu pour contrer le vandalisme attribué aux jeunes, en est réduit à constater les dégâts.

Le gouvernement Charest dépose à l'Assemblée nationale un projet de loi extraordinaire afin de se mettre à l'abri, de même que les municipalités et les MRC, contre tout recours collectif qui pourrait être intenté par des riverains de pistes de motoneige situées entre 30 et 100 mètres de leurs résidences, en raison de la jurisprudence établie dans le récent jugement Langlois sur la piste du Petit Train du Nord.

Guy Cloutier reconnaît sa culpabilité à des accusations d'attentat à la pudeur, de grossière indécence et d'agressions sexuelles sur des mineurs. Les rumeurs vont bon train sur l'identité des victimes.

44

Accusés d'avoir reçu des pots-de-vin pour permettre un changement au règlement de zonage à Saint-Laurent, les ex-conseillers municipaux Irving Grundman et René Dussault échappent à la prison en étant condamnés à des peines de vingt-trois mois avec sursis et à des amendes respectives de 50 000 $ et 25 000 $.

Les médecins du chef de l'opposition ukrainienne, Viktor Iouchtchenko, ont annoncé qu'il avait été victime d'un empoisonnement à la dioxine, probablement administrée « par la voie orale », « par une tierce partie ».

Les Palestiniens, qui se rendaient aux urnes le 9 janvier pour leur première élection présidentielle depuis neuf ans, ont offert une large victoire à Mahmoud Abbas.

Mme Sgro, ministre de l'Immigration, est sur la sellette depuis qu'on a appris
qu'elle a accordé un permis de résidence à une effeuilleuse ayant travaillé à sa campagne électorale.
Son chef de cabinet a également été critiqué pour avoir rencontré le propriétaire d'une boîte de *striptease*
de Toronto qui avait de la difficulté à faire venir des danseuses au Canada.

Outremont ? Saint-Luc ? Hôtel-Dieu ? Stade olympique ?....
Le gouvernement Charest n'en finit plus de soupeser les avantages et les inconvénients de chaque site
du futur Centre hospitalier universitaire de Montréal.

Le gouvernement du Québec a décidé de financer des écoles privées juives à hauteur de 100 %, comme il le fait pour les écoles du réseau public régulier, afin de « favoriser les échanges culturels ».

Alors que le premier ministre niait tout lien entre la décision de financer des écoles juives à 100 % et les généreuses contributions de la communauté juive à la caisse électorale de son parti, le conseil des commissaires de Marguerite-Bourgeoys revenait sur leur association à cinq écoles privées juives.

Les Championnats mondiaux des sports aquatiques 2005 de Montréal sont en sursis : faute d'un financement adéquat, la Fédération internationale de natation (FINA) décide de retirer à Montréal l'organisation de l'événement.

64

Absent du conseil national, le député de Borduas, Jean-Pierre Charbonneau, a réussi à mettre son grain de sel à distance en réclamant le départ du chef.

L'IMPARTIALITÉ DU JUGE GOMERY EST MISE EN DOUTE PAR CHRÉTIEN...

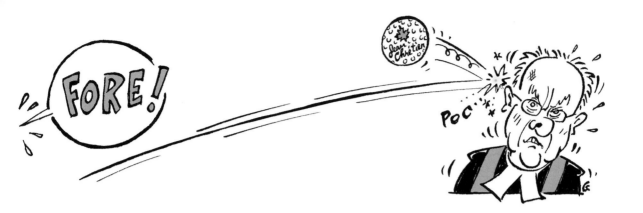

« Rancunier, l'ancien premier ministre n'a pas pris que, dans des entrevues de fin d'année, le juge John Gomery ait qualifié de "mauvais goût de village" (*small-town-cheap*) la production de balles de golf portant sa signature.
Jean Chrétien voulait répliquer, mais il a dû attendre la dernière question de son propre avocat, la dernière de sa comparution, pour se livrer à un des plus gros coups d'éclat de sa carrière. Il s'est mis à sortir de sa mallette une collection de balles de golf, toutes signées par des présidents des États-Unis ou des Philippines, qu'il a présentées avec insistance comme originaires de petites villes.
Il ne s'est pas arrêté là. Malgré la colère évidente du juge, il a sorti une dernière balle donnée par le bureau d'avocats Ogilvy Renault, mentionnant au passage que le procureur de la commission, Bernard Roy, l'ancien premier ministre Mulroney et la fille du commissaire y travaillaient. Le juge Gomery bouillait pendant que quatre anciens adjoints de Jean Chrétien jubilaient dans le fond de la salle. »

(Manon Cornellier, *Le Devoir* du 9 février 2005)

Le gouvernement fédéral a accepté d'être l'hôte à Montréal, en novembre prochain, de la 11e Conférence des parties signataires du protocole de Kyoto. Pour Steven Guilbeault, de Greenpeace-Québec, la conférence de Montréal pourrait bien être une manière de masquer la faible performance du Canada jusqu'ici.

Après cinq mois de lock-out, le commissaire de la Ligue nationale de hockey, Gary Bettman,
a annoncé l'annulation officielle du calendrier 2004-05.

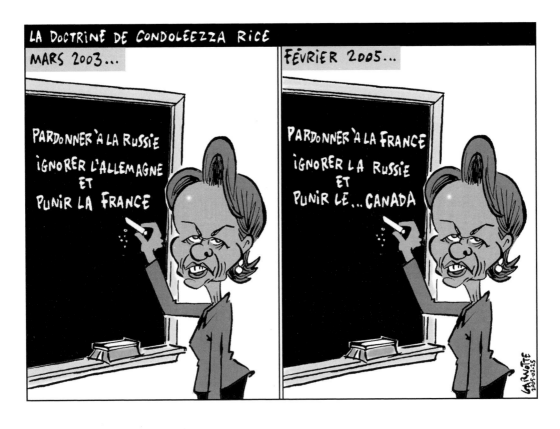

GEORGE W. BUSH, PRIX NOBEL DE LA PAIX ?...

T'AS RAISON CONDO, CE SERAIT UN HONNEUR ! J'IGNORAIS QUE CE NOBEL ÉTAIT L'INVENTEUR DE LA DYNAMITE !

WHO'S WHO

Une extraordinaire affaire d'euthanasie revient devant la justice américaine, priée de décider si oui ou non Terri Schiavo, plongée dans un état végétatif depuis quinze ans, doit être menée à la mort par privation d'alimentation.

De nouvelles révélations, faites par le médecin iranien qui a examiné Zahra Kazemi à l'hôpital, confirment qu'elle a subi la torture par les autorités de Téhéran. De son côté, l'Iran prétend que la journaliste est morte d'une hémorragie causée par une chute survenue après une grève de la faim.

Les commandites ont fait des Lafleur une famille multimillionnaire.
Quand les questions deviennent trop pointues, voire gênantes, la mémoire de M. Lafleur s'embrouille.

Alarmé de voir les mandats de grève s'accumuler aux quatre coins du Québec, le ministre de l'Éducation, Jean-Marc Fournier, a tenu hier à rappeler aux étudiants « qu'il n'y aura pas de diplômes à rabais ».

Dans l'espoir de mettre fin à un mouvement de grève qui rassemble près de 230 000 étudiants, le ministre de l'Éducation, Jean-Marc Fournier, a rencontré les représentants des étudiants pour leur proposer un nouveau programme de remise de dette.

Enseveli sous les plaintes, blâmé par le CRTC et usé par un procès en diffamation, l'animateur controversé Jean-François Fillion quitte les ondes de la station de radio CHOI, à Québec.

Le gouvernement fédéral a décidé de ne pas modifier la Loi canadienne de l'environnement qui aurait inclu les gaz à effet de serre dans le groupe des substances toxiques.

Le samedi 2 avril, un éditorial de *Libération* rappelait que, depuis son élection jusqu'aux derniers instants de son agonie, le pape fut « tout simplement l'homme le plus photographié et le plus filmé du monde ».

Le choix du préfet de la Congrégation pour la doctrine de la foi, Joseph Ratzinger, pour occuper le poste de successeur de saint Pierre a eu l'effet d'une douche froide sur les éléments progressistes de l'Église catholique québécoise.

Misant sur le sobriquet « Géranium Ier » qui lui avait été donné lorsqu'il était au pouvoir, Pierre Bourque lance une campagne publicitaire mettant en vedette un géranium en pot.

Dans son allocution à la nation, préenregistrée et d'une durée d'environ six minutes, le premier ministre Paul Martin a promis de déclencher des élections dans les trente jours qui suivront le dépôt du rapport Gomery.

« On ne peut pas s'en sortir. » « C'est la fin du Canada tel qu'on le connaît. »
L'indépendance du Québec, « c'est inévitable, c'est une question de temps ».

(Alfonso Gagliano, dans une entrevue diffusée à la télévision de Radio-Canada le 25 avril 2005)

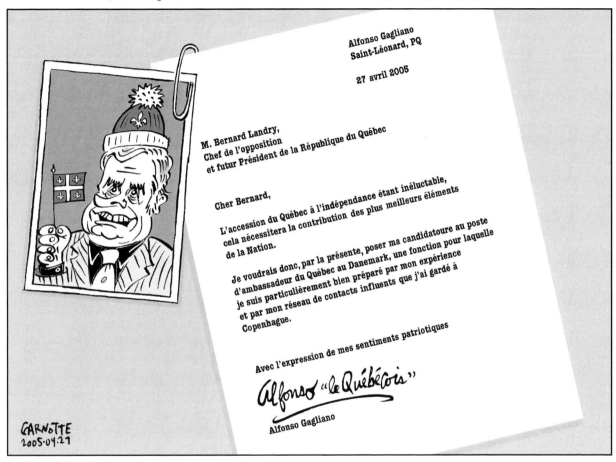

Le juge en chef de la Cour d'appel du Québec, Michel Robert, a affirmé que les souverainistes ne devraient pas occuper la fonction de magistrat dans le système de justice fédéral.

Début avril, un sondage ravageur de Léger Marketing montrait que 78 % de la population
était insatisfaite du gouvernement Charest.

Acculé au pied du mur, le gouvernement minoritaire libéral de Paul Martin a accepté de faire d'importantes concessions en faveur du NPD dans l'espoir d'éviter la tenue d'élections au printemps.

Ébranlé par un vote qui demande sa démission, le gouvernement Martin accepte de se soumettre à un vote de confiance sur son budget, mais pas avant le 19 mai.

Belinda Stronach quitte le PC et devient ministre libérale...
au moment où Sa Majesté la reine nous fait l'honneur d'une visite au Canada.

Chaque camp se retrouve maintenant avec 152 voix. Deux députés indépendants, David Kilgour
et Chuck Cadman, tiennent le sort du gouvernement entre leurs mains.

Tous les regards sont tournés vers le député indépendant Chuck Cadman, souffrant d'un cancer et sur qui repose toute la pression de la mise à mort de ce gouvernement.

Selon Daniel Dezainde, ex-directeur-général du PLC-Québec, Joe Morselli, ami intime d'Alfonso Gagliano, était « le vrai boss » des finances du parti et il n'hésitait pas à recourir aux menaces pour imposer son autorité.

110

« Je suis un vieil animal politique qui a été maire d'une grande ville pendant douze ans, et j'ai vu bien du monde devant moi. À un moment donné, on regarde dans les yeux, on a un pif, et tout à coup le pif, on ne sait pas trop pourquoi, il nous incite à la prudence. » – Jean Pelletier

La même fin de semaine où Bernard Landry, déçu de son vote de confiance de 76 %, décide de démissionner,
le premier ministre Jean Charest se promenait en Haïti pour... pourquoi faire au juste?
Caricature un brin prophétique.

Le signal que la vraie course peut COMMENCER...

117

Le premier ministre Jean Charest a terminé la session parlementaire sur la défensive, forcé de s'excuser pour avoir, à voix basse, qualifié de «chienne» la jeune députée péquiste Elsie Lefebvre.

Rapport Ménard sur la pérennité du système de santé : le ministre Philippe Couillard accueille favorablement l'idée d'offrir certains types de chirurgie à des cliniques privées.

Le Viagra REND-IL AVEUGLE ?

Le mauvais sort semble s'acharner sur la Grande Bibliothèque.
Après les lames de verre, c'est au tour de la porte principale de voler en éclats.

130

Al-Qaïda frappe à la porte du G8.
Quatre attentats commis en 56 minutes à l'heure de pointe font au moins 37 morts
dans les transports en commun de Londres.

De violents orages sur la métropole inondent plusieurs tronçons du réseau routier de Montréal
au moment où le maire Tremblay peine à vendre les billets pour son championnat de sports aquatiques.

Alors que les Canadiennes et les Hongroises font la démonstration des subtilités du water-polo
aux Championnats mondiaux des sports aquatiques, les syndicats représentés au sein du comité Ménard sur la
pérennité des soins de santé n'attendent pas le dépôt du rapport avant de le dénoncer vertement.

En faisant le bilan de ses Championnats mondiaux des sports aquatiques, le maire Tremblay n'exclut pas l'idée d'une candidature pour l'organisation de prochains Jeux olympiques, peut-être en 2016.

Coup de théâtre : Paul Martin nomme Michaëlle Jean au poste de gouverneure générale du Canada.
D'anciens amis en profitent pour ressortir des écrits, des bouts de films et même une certaine armoire à double fond,
fabriquée par un ami felquiste, qui témoignent des sympathies souverainistes du nouveau couple vice-royal.

Landry démissionne pour de bon.

LE TÉLÉVANGÉLISTE PAT ROBERTSON RÉCLAME L'ASSASSINAT D'HUGO CHAVEZ...

Dans ses mémoires, l'ex-ambassadeur des États-Unis au Canada, Paul Cellucci, a de bons mots pour Gilles Duceppe, qualifié de « leader politique le plus impressionnant au pays »... en raison de ses connaissances sur le baseball.

L'ouragan Katrina frappe la Louisianne, le Mississipi et l'Alabama.
Le président Bush est critiqué pour sa lenteur à intervenir.

En entrevue à l'émission *Larry King Live*, la chanteuse québécoise Céline Dion a sévèrement blâmé les autorités américaines pour leur lenteur à secourir les sinistrés de l'ouragan Katrina.

Cocaïne : Boisclair reconnaît avoir « consommé » quand il était ministre.

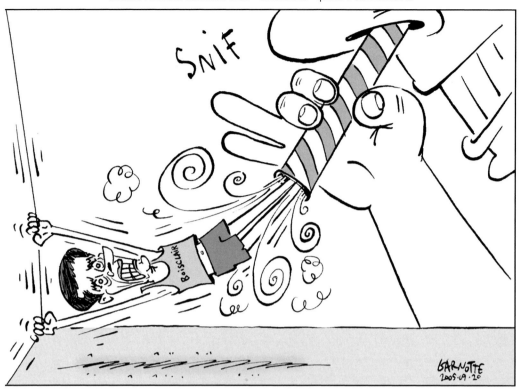

155

156

Le ministre Pierre Pettigrew a emmené son chauffeur avec lui à l'étranger à deux reprises avec l'argent des contribuables.

À cause d'un photoreportage vendant la mèche, Michaëlle Jean annule la commande
des robes qu'elle devait porter lors de son installation.

À suivre tous les jours dans...

LE DEVOIR